AF416814

9 789994 880388 1

أغاني الفصول

محمـدن عالي حمـاه

أغاني الفصول

شعر

إصدارات دائرة الثقافة، حكومة الشارقة 2023 م

الناشر: دائرة الثقافة ـ حكومة الشارقة ـ الإمارات العربية المتحدة

الهاتف: 5123333 6 971+

البرَّاق: 5123303 6 971+

الموقع الإليكتروني: www.sdc.gov.ae

البريد الإليكتروني: sdc@sdc.gov.ae

811.9661
ح م . أ
حماه، محمدن عالي
أغاني الفصول / محمدن عالي حماه.ـ الشارقة، الإمارات العربية المتحدة : دائرة الثقافة، 2022.
80 ص. ؛ 21X14 سم.
1. الشعر العربي – موريتانيا – دواوين وقصائد
أ. العنوان

ISBN: 978-9948-803-88-1

جنةٌ ونار

فديتـك نُـوراً أيهـا الحبُّ في دمِـي
لـه راحتـا صـدقٍ تضـرُ وتنفـعُ

سكبتُ له من روض قلبي فراشـــةً
فبات المـدى من عِطرِهـا يتضوعُ

وألبسـتُ نسيانِي تذكرَ طيفِهـا
فبـت بملهـاةٍ بها القلـبُ يخشـعُ

ولمـا وجـدتُ الأُنـسَ ناراً وجَنَّـةً
فرحـتُ بآلامِـي وغيـريَ يجزعُ

وقفـتُ ببـاب الله لا سِـرَّ في دمِـي
ولـكِـنَّ آيَـــاتٍ تـلـوحُ وترفـعُ

إذا قرأ الـقـرآنُ تـزهِـــرُ وردةٌ
على كتفي أو يسـكبُ الأنسَ مبضـعُ

شـفانيَ جرّاحِي بكأسٍ مـن الـهـوَى
فهَا أنَـا في روضٍ من النـورِ أرتـعُ

أحـررُ عقلِي كـي تراكَ سـريرتِـي
وفي الأرضِ كم قيداً لذي العقلِ يوضعُ

أُجَـنُّ سُروراً إذْ أحسُّـكَ رحمــةً
حنانـكَ من ضيقِ الشـرائع أوسَـــعُ

أهازيجُ المساء

لِـمَ أبكِـــي ولِـمْ تكــنْ دمْعتــي إلـــ

ـا خَبَـــالاً وما خلقــتُ حزينَـا!

لِـمَ أشقَـــى وكنتُ في المَهْد طفـلاً

قبـلَ هــذا وكان طيفِــي دفينَـــا!

كان طيفِــي علــى الأسِـرة وحيـاً

وعلــى البَحْــر بيْـرَقاً وسـفينَـا

لِـمَ آسَـــى وليـــس في الكــون إلا

وهــجُّ ضاحــك يسـر العيونــا!

وفــراشُ الرمــــال يرقُـــصُ للشمـ

ـس وللبْحــر ساجِـراً مفتونَـا

ونسـيمُ الصبَـا وعـزفُ السـواقِـي

والصبَـــاحُ الجديــدُ يشـدو حنونَـا

أنـا عشـتَـارُ نـورسٌ فـي الليالِـي
وصفـاءٌ يكسُـو الحيـاة جنونَـا

أنـا شـنقيطُ زُهْـرَة فـي قـرار
حالـم يقتُـل الأسَـى والشـجونَـا

مــن رمالي تشـكل الوحيُ مـن حُلْـ
ـم السـواقِي علـى ضفافِي سَـجينَـا

مـن رفيفِ المسـاء مـن وهَـج المحـ
ـراب مـن غيمَـة تفيـضُ فتونَـا

رقـصَ الضوءُ في المحاجر صَلى الـ
ـمـاءُ وانسـابَ عانـقَ الياسَـمينَـا

فـرحٌ كلهَـا الحيـاةُ نشـيدٌ
لِـمَ يـا قلـبُ لا تـزالُ حزينـا!

الأشرعة الذاهلة

كشـرقِنـا المَخمَلِـي كشـاعِرٍ عبْقَـري

ومثـلَ شـلال نُـور باليَاسـمِين ثَـري

مـاسَ الظلامُ على الرمـ ـل في قرار المُحيطِ

على شفـاه السـواقِي على السِّـرَارِ البسيطِ

مـا بيـن أنفـاس أيلـو لَ ضرجتها الوهَـادُ

في صُبح تشرين حُلماً يخطُـو إليـه السـوادُ

في بسمَـة الفجـر نشـوا ... نَ في نشـيد الغيـوم

في رقصة الضوء حيـرا ... نَ في بُكاء النجـوم

وفي المـآذن فـي جُـر ... ح رَغْبَـةٍ في ابتسـامَـه

في وهْـج أحلامنا البيـ ... ـض في سُجود غمَامَه

في شـارع عَـرَبـي ... تَسيرُ فيـه ألُـوفُ

للحُلْـم فيـه اغتِـرابٌ ... وللثـرَاءِ كُـسُـوف

وللدخَـانِ خُيُـوط ... وللعَبير غُـروب

وللنسيـم بُكَـاءٌ ... ثَـرُّ الجِـراح رَهيبُ

يا ليلُ يا فرْحَــة الــورْ   دِ يــا نشيــدَ الغصُــون

يــا ألــفَ حُلــم بديـع   على شِــفـاه السكُــون

يَـرف من وَجَــع الغَيـ   ـم صُـراخ السقُـوف

مـن ابتهَـال السـواقِي   ومـن صَلاةٍ رَغِيـف

يا ليـلُ يا سِـر عشقِـي   الصَّبَاح يا نهْرَ شَوق

يـا ليـلُ يا طيـفَ حُلـمٍ   زاهٍ ونسمَــة عِشْـق

أنا ارتسامُكَ ... وحيُ الـ   ـنجوم .. عِطرُ الأصيل

أنـا أغانِـي الأغانِـي   أنـا نشيـدُ الفصُـولِ

زرعـتُ بُسـتَـان ورد   نمَـا فأصبــــحَ شِـعْـرَا

وصافـحَ الشـعـرُ حُلماً   وعانــق الحُلـمُ نهْـرَا

وسبَحَتْ لـي نجـومٌ   ورفـرف الفجرُ حَولـي

ورافقتِنـي رُسُـومٌ   خمـسٌ وضِحكَة فضْـلِ

الشـعرُ عندي حُلْـمٌ   ومَا وصلتُ إليـهِ

الشـعرُ إليـاذة الفجـر..   ألـفُ ميقاتِ تِيـهِ

فـإن رحلـتُ سنيناً   وعُـدتُ شلالَ نُـور

فقـد كفانِـيَ فخـراً   أني رَسَمْتُ شُعـوري

حنجرة الراعي (الشبابة)

يا سَنا الغِبطــة في الأر   ض ويا مِعْــزَفَ آدمْ

يــا أناشــيدَ الضحــى يا   وتـــراً للـفـجْـرِ آدمْ

أنـتِ مــا أنتِ! ألحــنٌ   يسكبُ الفيضَ خشُوعا

في خيالِ الشـاعر العذ   بِ فيختــالُ مَرُوعا

في الأراضي الجُردِ حتى   تغتـدي وهـي خمائـلْ

في الرياض الخضر والبْحْـ   ـر وأنفــاس الجداولْ

في قلوب الناس في النسـ   ـمة مـا بيـن الحقـولْ

في فـؤاد الطير سكــرا   ن على صـدر السـهولْ

أنتِ ما أنتِ! أنشودة وجدٍ سافرهْ
تسمع الكون أهازيج جلال ساحِرَهْ

أم ربيع الوصل غنى للأماني للأملْ
للنسيم الطلق للنور دِ لأحلام الأزلْ

أين يا حسناءُ ألحانك! أين البَسَماتْ
أين داوودُ ومن رتل أصداء الحياة

أين أفراحك أين الـبشرُ ما بين السبلْ
يتهادى في سُفورٍ ضاحكَ القلب الخَجِلْ

كسليمـان لـه مُلـك   الروابـي والجبـالْ
والعوالي ولـه فـي   قومـه سيما الجـلالْ

أو كياسين فكـم غنـى   لـه الكـون ورنـم
وأضـاء البـدرُ وانشـ   ـق جناحينِ وهينَمْ

أنـتِ مـا أنتِ! أنبـرا   سُ الليالـي الداجيـهْ
يسكب النـور هنيئاً   كالأمانـي الزاهيـهْ

أم ترانيـم الصبـا تعـ   ـزف ألحـان الخلـود
للصباح الضاحك الطلْـ   ـقِ فيزهُـو ويجُـودْ

كــم أناديـكِ وكــم تـأ   ســى أغانـي الحســان
وأناجيـكِ فـلا تسـ   ـمعني إلا القيــانْ

ويهـز البحـر وجـدا   نـي بأشجان عِـذابْ
وتقـص الريـح ألــوا   نـي بأحداق العذابْ

وظــلامُ الليــل يطـوي   قصتي خلف ستوره
فمتـى يكشـفُ هـذا الـ   فجرُ لي عن ضوءِ نوره؟

حَارسُ الظلال

في يَـدي نـورسٌ، يتَـامَـى وقمْـحُ
ثورةٌ، أنبيَـاءُ، جرحَـى ألحـوا!

سَـورُوا دولـة المسـاءِ، تنـادوْا:
اِضرمُوا الخوفَ، سوف يُشرقُ صبحُ

لمْ يُراعُوا! في هدأة الضوء ضجوا
ثوَّرُوا الوقـتَ، كل لحْـظٍ فتـحُ

أركـضُ الآن نحـو خيلي وأمتـا
حُ دروبـي وللنـوارسِ سبحُ

لِي من الدهشـة انتبـاذي لجـذع الـ
ضوءِ، لي النجمُ، والجراحاتُ سفحُ

لـم أزل أرمـقُ المسـاءَ وطرفـي
ليس يدري أي المرافـئ سمحُ؟

إيـه يـا كوكبـي المعتـق هاتـي،
أترعـي، مـات فـي حقولـي القمحُ

أنـا والكـأسُ والصِحـابُ ظمَـاءٌ
أمطـري ليـسَ في سَمَائيَ رَشْـحُ

المسـافاتُ صخـرةٌ، لا تُـراعِـي
لـي على الصخر مذ تشـكلتُ ضبْحُ

علـم الله قـد توضـأتُ بالحُــ
ـب فبـي مـرةً تسـمى الصفـحُ

أنـا والأمـسُ مُترعـانِ بضـوءٍ
مذ سـكرنا وحـارسُ الحُلـمِ يصحُو

في المرايـا خمائِـلٌ وضفـافٌ
لـم أزرهـا وأسكر الطرفَ لمْحُ

لي إلـى الغيـب لفتـة، لـي انتبـاهٌ
لـخفايَـا يُضيئهـن القـدْحُ

حالِـمٌ أحـرُسُ الظـلالَ، ويغـري
بـي من السـحر في رياضـكِ نفْحُ

أنـت كـفُ الشـفاء لـو لمست يو
ماً ضفافي السـكرى لمـات الجُرحُ

أنـتِ ورْدُ الربيـع أنـتِ الأغانِـي
أنـتِ لـو تُومِئيـن يضحَـكُ تَـرْحُ

قـد تقدسْـتِ أن يُضيئَـكِ مَعنـىً
فتسـجى بوجْنـةِ التـوقِ شـرْحُ!

القبس

يسـري شـذاكَ خيـالاً عاطِـراً شـبِما

ونسـمةً في ضفافِ البحر أو حلُـما

ونورسـاً قُدسـاً للمـوج مبتسمـاً

أو نرجسـاً عطراً للفجر مرتسِـما

كأنمـا (ظُلَـــلُ الفـردوس حافلـة)

بالياسـمين وهـذا الكونُ قد بَسَـما

هـا أنـت تمثُـلُ للقرطـاس أخيلـة

زهـراً بديعاً وروضاً ينثر السلَـما

ومـا مثلْـت وأنـت الكـونُ أقدسُـه

لكـن تمثلـتُ نوراً من رؤاك سِما

سِـما فأشـرق إنسـانُ الوجـود بـه

وأسـفرَ الفجرُ والحلمُ الجميل نَمَـا

ومــاس فــي الرمــل مــن أندائــه عبـق

وانســاب نهـر مـن الأفـراح منسجمـا

وأورقَ الوهـجُ المنشـودُ وابتهَجَـت

عرائـس الغيـم تزجـي الحلم والنغمـا

وآنــس اليتـمُ رُوحَ الفجـر محتجبـا

يـدُ المسـافة تشـدُو كلمـا ابتسـما

مسـافراً فـي رؤى الإشـراق مغتـربا

يُلملــمُ الآلُ فـي أعراقــه السـقما

خطى الأصيل تـدوسُ الصمتَ في دمِـه

فتـزرع الأيــن والإطـــراق والألمـا

فمسـحت يـده الأوجـاعَ عــن أفـق

الحلـمُ والوردُ فيـه ينضَحـان دُمَى

ويسـرقُ الفـرحُ الساجي مراقِصَـه
والليــل يُرضِعُ أشباح الهجيــر دَمَـا

يــا لِلِيَتيـم ورُوحُ اللــه يكْــلأه
ومَرفئ الطهر في أجفانه ارتسَمَـا

وللهجيــر جنـاحٌ إذ يصافحُــه
يظـل آمالَــه البيضـاءَ والحلَمَـا

والفجـرُ ينشـد والأقمـار ضـاحكـة
والأرضُ لا أرضَ... إلا أصبحت إرَمَـا

والبحـرُ يقـرأ مسروراً نبـوءتـه
على الضفافِ... وشكلُ الكون قد رُسِما

يَفيـضُ عـن كفـه الينبـوعُ مغترفـا
منـه السنَـا ريقَ الأنـداء والنسـما

كالبدر (أبيض يُستسـقى السحـابُ بـه)

إذا الغَمَـامُ بأنخـاب الهجيـر رمَـى

بلاغـة الحـرف كـم زادت بـه شـرفا

وأنجـم العـز كـم تاهت به شـمَما

أرقـى إليـه فألقـى الأمـس مكتحـلا

بالياسـمين غصـونَ الظل مسـتلمـا

يسيـلُ مـن نشـوة الإخبـات مبتهـلا

أوراد نجوى وصدراً مشـرقاً شبما

يقبـلُ الفجُـر أعـرافَ المسـاء بـه

ويورق الحسن في صمت الربى كلِمَـا

وألمـحُ اليـومَ والإشـراقُ محتجِـبٌ

عن صبحه وبأجفـان الأصيل عمَى

يـرفـرفُ الآل فـي صـدر العبيـر بـه

ويغربُ الضوء في جفـن المنى عدمَا

أمـا الهجيـرُ فأضنانَـا وأرهقتنـا

وشـاد للجُـرْح فـي آفاقنـا هرمَـا

وسـافر الصبـحُ محزونـاً إلـى أفقـي

وفـرّق الليـل شـملاً كان ملتئمَا

يـا أيهـا القبـسُ الأسـمى ألا شـفق

من الضيـاء فصدرُ الكون قد برما

يـا أيهـا القبـسُ الأسـمى ألا أفـق

إن المسَـا وجراح الأمـس قد حكمَا

هـي النوامِيـسُ مـا أمسـت مقدسـة

أيعرضـون! فمـا للبحـر ملتطمَا

25

وما لهـا ترجـف الآفـاق لابسـة

ثوب السـواد ومـا للـورد منهـزما

لنــا بكـل صبـاح بـاسم شجنٌ

ينمُو على شفة الأحزان نهْـرَ دِمَا

وللنـوارس خفـق أن تـرى وهجا

إلا الأعاصيـر لا أينـا ولا سأما

ومـا الأناشيـد إلا الـورد محتجبا

أو الضبـاب بجرح الموج معتصما

لـو يرجعـون فيحيـا الحُلـمُ ثانيـة

أو يرجعُـونَ فيشـدو الورد مبتسمَا

ويسفرُ الشـوق في الألـوان أغنيـة

تعانـق الوهَـج المسحُـورَ مُنتظمَا

نشيدها النـور والألحـانُ ساقية
والمـاء يرفُـل في محرابهـا قلَمَا

فيـا ضيـاء زمـان لا غـروبَ بـه
ويـا رحيـقَ بهـاء ليـس مقتسما

ويـا أناشيـدَ فجـر طاهـر قـدُس
توضـأ الحـرفُ من إشـراقه وهمى

أنِـرْ ولمِـمْ جراحـاً لا ضفـافَ لـها
أصابـعُ الليـل منها تسـرق الحُلمـا

حتـى أراكَ ربيعـاً في جَوانِحنـا
وفـي الصبـاح إذا ما عانق النسـما

تراتيلُ الوهَج

نسيمُ الفجْـــر فاحَ فكـــلُّ رَوض
سكِرْنَ بـــه الأزاهِرُ من شَـــذاهُ

وضـــوءُ الفجْـــر لاحَ فكـــل وَرْد
أســيرُ النـــور يعبَـــقُ في نَـــداهُ

وسَـــارَ الفجرُ مـــا بين الســواقِي
غريبـــاً في مدارجـــه ضِيَـــاهُ

كســير السـالكينَ إلـــى إلَـــهٍ
يبـــارك من تسيرُ بـــه خُطَـــاهُ

ومـــاسَ العطرُ في شفةِ الليالِي
إلــى بلقيـــسَ ينشدُهَـــا صَـــدَاهُ

فلــم تفهَـــم نشيـــدَ الليـــل إلا
سَـــكينتَهُ وبـــرداً في حَصَـــاهُ

وأرسـلتِ الضيــاءَ فذابَ سـحْراً

على شـفة الصبـاح وفـي ثَرَاهُ

أيـا قبسـاً بطيبَـة لـم أجدهُ

ولـمْ تظفَـرْ بـه إلا رُؤاهُ

أراكَ غرُبـتَ في الأنفـاس حُلماً

وكيـف وأنت مـن نفَسِـي مَدَاهُ

ولم تغْرُبْ وفي الأنسَـام يسْري

شـذاكَ وحيـث تبتسِـمُ المِيَـاهُ

البريءُ والعاشقانِ وأولُ الشتاء

كانـا وضـوءُ الشـمس بينهمـا
يتبـادلان الـوردَ والقُبَـلا

ويلونــان الصحـوَ فـي أفـقٍ
يرنـو إلى المجهـول ... مُكتحِـلا

ويداعبــان الليـلَ مـلأَ يـدٍ
تحنـو على حُلمين ما اكتمَلا

لـم يفرغـا كأسـاً ... لأجـلِ غـدٍ
صانا الرحيق وكدّسـا العسَـلا

كانـا كمثـلِ الـوردِ مبتسـماً
طـافَ الشـتاءُ فـودع الجَـذلا

كانــا كفجــرٍ مشــرقٍ خجِــلٍ
هـجر الضيـاءَ وفـارق الـخـجَـلا

نـسـران واقترعـا علـى حَمَـلٍ
وتصارعا .. كي يصرَعَا الحمـلا!

نظـرَ البـريء إلى السـماءِ .. فلـم
يفهـمْ بفطـرته الصـراع على (..)

وَحْيُ السفرْ

لا سـر في صـدر المسـافة يُخبَـأُ
قـدرُ المسـافر أن يُـرى يَتنبـأُ

نضجـتْ أزاهيـر الشروق وكلـما
حـان القطـاف وجدتـني لا أجرُؤُ

وتنـاثـرت أحـلام روحـيَ فجـأة
شــلال سـحر كـاد بـي يتوضـأُ

وحضنـت آثـام الحيـاة وطهـرها
فوجدتـني وطنـاً يُـداسُ ويُـوطَأُ

وشــعرت بـي في غـربتـي كجريدة
قراؤهـا عـربٌ ... فأنـى تُقرأُ؟

وتجرعـت فرط اضطـراب جوانحي
لغتي انكسـارَ غدي الذي لا يُدرأُ

آتٍ كأمـواج المحيـط ... كـرهبـة

تجيءُ المسـاء ... كحالمٍ لا يَبـرأ

كـل القبـائـل أسـعفت جلادهـا

فبكـى المحيط وكاد فجـري يُطفـأ

أنـا شـكل أحلامـي التـي لم تكتمل

خمسـينَ عاماً يُبـعثـونَ وأرجَـأ

سـرقوا أهازيـج الصبـاح ولـم أزلْ

حُلمـاً يُرى رغم الضبـاب ويُقرأ

أتلـو على الأوجاع وحْيِيَ خاشـعاً

وخطى القبائل بانكسـاريَ تهزأ

سـر اغتـرابـي أن حلمـي مـورق

ثمـراً تألـهَ ... بالقواطِـع يُوجَأ

هَمْسُ الخيالِ

أرقصــة النــور أم إشــراقة الحُلــم
أم تلكَ سَــكْرَة فجْر عَاطِر شبِــم

أم ليلنــا تحــرس الأنــوار بـهجتـه
أم نحنُ في فرح ... أم نحنُ في سَأم

تشــابهت كل أطيــاف الحيــاة هنــا
رَقصُ الفَراشَــة لا يَشفِي من الألَم

وليـس يكفي خيالي كـي نكــون معاً
إنا افترقنَـا ... فلا تنكِــرْ ... ولا تـلُــمِ

في يوم عيـدك أختــار الـورود بما
يكفي ... وأحلمُ أن تأتي إلى حُلمِي

وآمـرُ الشــمس أن تبقــى بداخلنـا
وَأغـلِقُ البـابَ كي يأوي إليكَ دَمِي

وأحــرُسُ الروحَ مـن لـيـل يحاصِرُهَا
يَـرمِـي إلَـى وطَـنِـي الوردي بالألَـمِ

يَـا أيهَـا الوطَـنُ المسـحُورُ هَلْ قلَـمٌ
ناجاكَ ... هل أسفرتْ رُؤياكَ عن قـلَـمِ

مـا زلت أغربَ من شـدو الخيَـال ومِـنْ
هَمْسِ النسِيمِ ... وطيفاً غَـيرَ مُرتَـسِـمِ

لم يقرؤوكَ ولم تشـعُـر بهـم ... عَبَـرُوا
ضَوءاً طفيفاً ... وأجْرَاسـاً بلا نغَـمِ

كـم حَاصَـرُوكَ ... وقالوا مـا لنـا وَطَـنٌ
نـنَـامُ فيـهِ ... وكـم نامُـوا ولـم تنَـمِ

كـم عَانقـوكَ وقالُـوا هَـا هُنَـا وَطَـنٌ
يكفي لنُشـفَى .. ونرمِي فِيهِ بالسقَـمِ

كل القرابيـــن كانـت غَيـــرَ خالصَـــــة
كُل الديَــانـاتِ كانتْ حِلْـيَـة الصنَـم

كل القبــائـــل كانـت غَيـــرَ صَادقـة
كل الطوَائفِ كانت ضخمة القَسَــم

جَـوفُ الفَـرا لـم أجِدْ إلا الهَـــوَاء بِـهِ
والبْحـــرُ ما كَـان إلا رَشْـفَـة بِـفم

ولـي وإن حاصَرُوا الأحـلامَ لي وَطنِي
وألفُ سكْرَة فَـجْر عَاطِـر شَبِـــم

في عِيــدِه تحْرُسُ الأنْــوارُ بَهْجَتَـهُ
وأغلِـقُ البَابَ كي يأوي إلَيـهِ دَمِـي

جدارية لوطنٍ يرتجف

يتخاطبـانِ فيسـحرُ الوتـرُ
الشـاعران: الليلُ والقمـرُ

ما زلـتُ أرمقه ومـن خجـلٍ
حول النسـائم أورق السـفرُ

وطـنٌ كأنـي لا أفسـرهُ
ما اسـمُ الذي من وحيه الوتـرُ

ما اسم المضيء كوهج أخيلـة
يرنـو إلى إشـراقها السـحـرُ

ما اسمُ الغريب كصوتِ ساقيـة
يَحلـو على إيقاعـهِ السـمـرُ

وطنــي أنــا ميــلادُ سـنبلــة

خضــراءَ يحنُو حولها المطــرُ

وطنــي أنــا إشــراقُ أخيلــة

بيضاءَ لــم تحلم بها البشــرُ!

ســجد الجمالُ له وأسـجدني

ســحرٌ على الأغصــانِ ينتثـرُ

غنيــت للشــطآنِ عـن كثــبٍ

حتــى رنا لي النجم والشــجرُ

والرمــلُ قديسُ المَسَــاءِ رنــا

وصغت لي الأصـدافُ والدررُ

كانـت يـداي تلملمــان غـدا

لــم يــأتِ ... كاد الوقت يندثـرُ

كان الجحيمُ أقل من جسـدي
ضـوءاً وكان الفجـرُ ينتحِـرُ

لـم أدرِ أين؟ ولـم أجد وطنـا!
حولي! ولم أشعر بِمن عبـرُوا

هتفَ الغريبُ وكانَ يشـبهُني
وخطاهُ مـلْءَ الوجد تنكسـرُ

يـا قاتِلِي أوطانهـم عَبثـا
ما تَزرعُونَ، ويُقْدَحُ الشـررُ

يَومـاً سَـتحرقُكُم صنائعُكـم
لا البدوُ يبكيكـم ولا الحضـرُ

يـا وجـهَ آبائـي أنرْ سَـفَـري
حتـامَ ليـسَ لقامتـي أثـرُ!

هـذا الغـرامُ جَحيـمَ كل غـدٍ
من أي ضـوءٍ حُزننا ابتكـروا

نَهفُـو إلـى حُلـمٍ نلملمـهُ
ويكادُ يحُـرقُ حُلمَنا الضجـرُ

أواه كـم شـجنٍ سـفرتُ لـه
والشـمسُ لم يخلقْ لها بصَـرُ

وكم استعرتُ من المساءِ خطىً
تنسـابُ جذلى وهي تُحتضَـرُ

صَلبَ المَواجِعُ شـمعَ أخيلتـي
والصبحُ ماتَ وأطرق القـدرُ!

نقوشٌ على كفَّي عشتار

لا ظِلَّ للعشاقِ،

لا ترنيمةٌ سَكرَى،

ولا صحوٌ،

ولا أضواءُ

لا عرْشَ،

لا سرٌّ يلونُ يومهمْ

لا سِفرَ،

لا وَترٌ،

ولا أنداءُ

متشردون،

وميتون،

برغم أن ملكوا الوجود،

وأنهم أحياءُ!

مستيقنون برغم كل شكوكهم

ومدلهون!

كأنهم ما شاؤُوا

سُقمٌ تلبسهم فليس ببارحٍ

حتى يكون من الوصال دواءُ

هم مقرؤوا الدنيا سلامَ قلوبهم

لولاهم شملَ الوجودَ شقاءُ

المفردونَ،

لأنهم ما أشبهوا أحدا،

ولا واتتهم أسماءُ

الجالدونَ بكل آنٍ حزننا

كي لا يزولَ عن الضفافِ بهاءُ

الساطعونَ

كما الحنين

وكلما خفتَ الصباحُ

توضؤوا فأضاؤوا

الجيتارُ الأسمَر

(إهداء إلى روح مانديلا)

مثل ليل عبقري السحر وضاء النجومْ

مثل فنانٍ يضيءُ الموجُ في كفيه أحلام الرسومْ

مثل ما لا شكل لهْ

كاغترابِ الحرفِ في نثرٍ طفيفِ الأخيلهْ

كان لوني سمرة وشحها البحرُ انكساراتِ الغروبْ

كنتُ طيفاً خاضعاً للموج، سِفراً كسرت أجفانه رُوحٌ طروبْ

هي مثلي، غير أن الفرق في حقي الذي لم أعتنقهُ،

في رخاءٍ حرمتني شكله الأقدارُ ...

في حلمي الذي لم تشفني العُزلة منهُ

اسْمُها أو ظِلُّ القمر

اِسْمٌ لكونٍ ساحرٍ،

أبديةٍ خضراءْ،

أوْ سفرٍ إلى الفردوسْ ...

عَرشٌ راقصٌ للحب فوق الماءْ

واسمٌ لما يتجاوزُ الأسماءْ

مثل الرجاءْ!

ومثلَ فجرٍ ساحرٍ

وَجزيرتيْ أحلامِ!

هل كان نبضَ طفولة سامِي

أم كانَ إكسيرَ الخيالِ وسِرَّ سِرِّ وضاءة الأيامِ

اسمٌ بلا مد ولا جزرٍ ..

من أي أي الأغنياتِ الخضر جاءْ!

أوديَّة الأحلام زرقاءْ

وسماءُ هذا الاسم خضراءْ

ويحكي موجَ أحلامي

ونَهْراً كان بي يثقُ

ومُوسيقى سكرتُ بها

ضحكتِ وكنتُ أحترقُ!

كأنّ الكونَ حين ضحكتِ نام بجفنه النورُ

ضحكتِ فماسَ شلال من الأضواءِ مسحورُ

كحلمٍ يستطابُ كلحظةٍ يحلو تخيلها

كموسيقى نعانقها

فتكملنا ونكملها

ذهيبة الميلاد والأحلام والاسم

عيونكِ مشرق الأنوار من نجم إلى نجمٍ ...

اسمٌ كأفراح السحرْ

اسمٌ كما ارتسمَ الحنينُ ونامَ في ضلعيْ وترْ

حين التقينا كان يورقُ في مُخيلتي السفرْ

ورأيتها في صورة القمرِ المنيرهْ

ولمحتها في طائرٍ – أو نورسٍ – ألقى السـلامَ ولم يُبالغْ حين

قال ليَ احترسْ!

فمهابةً لونتُ بالزجَلِ السمَاوي انعكاسَ ظلالِها

ومهابةَ أختارُ أسماءً كثيرهْ ...

ذاتُ الجلالة، زينة العرشِ، الملاكُ الأسمرُ،

الأسماءُ ما دامت أميرية ستكفي لاحتمالِ جمالِها وجلالِها!

سلمى

(تناصٌّ غيرُ مقفى مع طرفة بن العبد)

سلمى! ولمْ تَمشِ النوارسُ بيننا ...

والليلُ لم يفرشْ لنا قمراً ولا أهدى لنا أسرارهُ

أين التقينا؟

لا مكانَ هناك .. لا أرضٌ ولا بحرٌ ولا أفقُ

لا وقتَ ..لا ليلٌ ولا صبحٌ ولا شفقُ

كنا شعاعَ براءةٍ، وَهجَ اغترابٍ، شُعلةً زرقاء تحترقُ ...

من أنتَ؟ من هيَ؟ يَسألُ الموجُ المُسجَّى بانكساراتِ امرأة

تجترُّ أذيالَ الغروب وتنطفي كالشمع في وهج الوداعِ كمدفأة

هي أحرفٌ تجيءُ المساءَ،

ضفائرٌ شرقية مجروحة الأحلامِ،

نايٌ للهديلِ،

وكل بشراي التي أدمنتُ،

كل الأغنياتِ،

وكل أمواج المحيطِ وتمتماتِ الأشرعَةْ

هي مرفأ الظمأ الذي لم أروَ منهُ،

ومشتلُ الأملِ الذي افترش انكساري

سلمى أهازيج الغروب، وسحرُ شمس جزيرةٍ أقصى الحنينِ،

وصورة القمر المحلق عن يساري

سلمى شظية كوكبٍ،

شطآن بحرٍ مُترعٍ بالازوردِ،

ودفء أحضانِ السِّرَارِ

سلمى نشيدُ الروحِ، أغنية الجسدْ

سلمى كتابُ الورد، تفسيرُ الحنين إلى الخفي، وسرُّ أسرار الأبدْ

هـي منبـعُ الفـرح المؤجج بالمسـافة بيـن أحزاني الشـهية واغتراب البحر،

سر خضابِ أجنحة القمرْ

سلمى عروسُ الفجر، إكليلُ التوهج، وحيُ أفراح السحرْ

سلمى رسولُ الدهشة الأزلي، إنجيلُ البراءة، ثوبُ آدم،

كِسرةُ الآتي الغريب مدثراً بالخوفِ من غده ..

ووعدُ النجمة الأعلى

هي كل ما ترك المحيطُ لشاعرٍ

إحدى أغانيه تفسر موجة مكسورة التحليقِ

والأخرى: رثاء المرأة الأولى

الملاكُ الأسمر

غريبٌ أنا في المساءْ ...

وها أنتِ تأتين من حيث لونُ البحيرة أشقر!

وشعرُكِ ليلٌ وريًّا،

وبُستانُ وردٍ، وطيفٌ على ثغرِ تشرين أخضرْ

محياكِ!

هل يدرك النجم أنكِ أسمى وأروعْ؟

ومن أين تأتين؟

تلك البحيرة زرقاء، وجهكِ تبرٌ، ولونُ محياكِ أسمرْ!

تُرى أنتِ أنثى الخيال التي عانقتني؟

ومن أي السنابل طيفكِ أشرق؟

تراني انكسرتُ لألمح جرحي على ضفة الحلم أزرقْ؟

تطوف الخيالات بي، أنثني ...

تشبهين احتراقات هذا الأنا!

لم تكوني لغيري فهل كنتِ لي وطنا؟

...

وأين تكونين؟

أحرقتُ كل المسافاتِ ...

لونتُ سمرة هذا المساءِ بسحرِ الغناء الطفولي،

أعرفُ أنّا غريبانِ مثل المساءْ

وأعرفُ أني عشقتكِ من قبل عشرين جيلا!

وكانت هنالك تسعُ نَوارسَ لملمن موجَ الحنين!

التقينا هناك بأحضان حلم طروب!

غريباً وأنثى تلونُ سحرَ الغروبْ!

...

متى سوف تأتين؟

يا أنتِ ..

لو ساعة ..

قبل موت الدقائقْ!

متى سوف تأتين؟

نِصفَ انكسارْ

نؤلهه في انتظار المساءْ

عسى أن تضيء الأهازيج شكلاً لتشرينَ آخرْ

عسى حين تأتين

تهدأ أمواجُ هذا المحيطْ

وأعرفُ شكل احتراقات هذا الأنا

وشكل العيون التي كنتُ أعشق من قبل عشرين جيلا!

...

تطوف الخيالاتُ بي، أنثي ..

أسائلُ عنكِ الزهورَ وعطر السنا

تُرى أنتِ أنثى الخيال التي عانقتني؟

تُرى تشبهين انكسارات هذا الأنا؟

لم تكوني لغيري فهل كنتِ لي وطنا!

درْبُ الغُربَاء

صباحَ التشكل من عطر نرجسة جرحَت ساقية

صباحَ النوارسِ سكرى

صباح ابتسام الزوارق تهمس للبحر شكرا

صباح الأناشيد والبهجة الساجية

صباح غريبين يقتسمان الجراح وضوء القمر

يقولان للحلم: هل أنت شــدو المســافات قبل التشــكل أم أنت

همس المطر؟

يخافان أن يورق الأمس والأمس وحي السفر

غريبان لا يقرآن ولا يحلمان،

ولا يطرقان كزرق العصافير باب الأمل

غريبان إن سافرا يُبحِران على الرمل،

أو يعبران البحيرة سيراً

وإن هاجرا يحرسان المسافة من صورة لا مكان لها

إن همـــا أطرقا عانقا طربَ الموج، خوفَ المسـافر من زمن

لا حدود له ...

مــن خيالٍ طفيف ســيجرحه الموج حين يطيل الســجود على

وردة ...

لا يجيد الغريبان أن يفرحا صدفةً ...

أن يضيفا جديداً إلى حدثٍ / وطنٍ لم يكنْ ...

يقول الغريبانِ: كان لنا وطنٌ من ضبابٍ،

فحلق من حوله مَطرٌ جارحٌ فانتهى!

حزيـنٌ هو الوطن الشـاعري كلحْنِ الغـروب إذا ما الصباحُ

قضَى

لنا وطن ما له هيأةٌ في مكان بلا عابرينْ

غريبٌ علينا

غريبونَ عنهُ

لنا وطن لا تراه العيونْ ...

يقول صديقي الذي فارق البحر والغرباء،

وعانق أحلامه في الطريق إلى وطنٍ،

كان يخشى عليه ويحرس شكل الصباح به ...

يا صديقي لي ضفة النهر، لي في المساء شراعي

ولي وطن سوف يكفي لكيما أنام على جسدي،

ومكانٌ سيحرسني من قناعي

أنا من هنا ...

وطني ها هنا ..

ليس لي وطن في النجوم ولا لي هويةٌ

من هما؟

يعبران بلا جسدٍ

يبحران بلا زورقٍ

من هما؟

يُطرقان بلا قمرِ

من هما؟

فليكونا غريبين، وليحرسـا في الطريــق إلى وطن صورة لا

مكانَ لها

من هما؟

لم يجيدا قراءة ما يفهمانِ،

ولا فهم ما يقرآن،

كلامهما ليس وحياً وليس حديثَ الجسدْ

صُنِعَ في الصين

العرضُ أمتار وطولي

أخشى أقولْ:

إن السماء قريبة وقصيرة

عبثية إن قورنت يوماً بطولي ...

لي حصة في البحر في الأشجار في الأمطار ...

في شرفٍ أُضِيفَ إلى الرسولِ!

لي كل ما لِي ...

ما ليس لِي لِي ...

لي نسيمُ الفجر، لي هذا الهواءُ الطلقُ، لي زمني ...

لــي كل ما في الأرض من رمـلٍ ومن حجرٍ، ومن بحر ومن سفنٍ،

لي كل ما تستوعبُ الآفاقُ في وطني

وإني مُفسدٌ مُفسدْ

سرقتُ البحرَ والمسجدْ

سرقتُ الشمسَ والأحلامَ من شعبي

سرقتُ مدارسَ الأطفالِ والمستقبلَ الأبيضْ

سرقتُ جميعَ ما يَنهضْ

سَرقتُ نشيدَ آبائي

فهلْ باسمي ستهتِفْ؟

هلْ ستسجدُ لي وتهتِفْ؟

هل ستفرشُ لي جبينك عندما تعرفْ ...

بأني مُفسدٌ مُفسدْ

سرقتُ البحرَ والمسجدْ

سرقتُ النهرَ والأحلامَ والفجرَ الذي تَنشُدْ!

صباحي أسودٌ أسودْ

أصيلي أحمرٌ قاني

بلون النار في مَوقِدْ

وإني بعدُ منتسبٌ

إلى الأشراف من مضرِ

ولي طفلان ... لي ليل بلا قمرٍ

أخاف الضوءَ من قمرٍ

أخافُ يرانيَ الأطفــالُ وحشاً واضِحــاً

في هيئة البشــرِ!
أنا متسلطٌ متسلطْ

ليلٌ بلا صبح ... بلاءٌ مُبرمٌ!
لا تطلبوا مني الرحيلَ ففترتي شرعية

لا تطلبوا مني البقاءَ فإنني باقٍ

قضاءُ اللـه أن أبقى

ومن لم يرضِه فالبحرُ رحبٌ خلفه

ولرأسه الحائطْ!

ومن لم يرضِه فلينتحرْ عشراً

وإني سوف أبقى حاكماً ساقِطْ!

آخرُ عرائسِ النيلِ الأزرق

كانت كآخر (ما يشع من البنفسج) ...

لم يسرّح شعرَها قمرٌ،

أحاط بها المحيطُ، وأترع الأسوار حارسُها حماما

تسعٌ ضفائرُها وموجُ البحر يحرسها من الصيادْ،

والشعرُ الطفوليُ الأميرُ يضيء شكل البحر،

وهي حبيبتي

لا شيء يشبهها سوى ما لست أعرفُ ...

مثل موسيقى على إيقاع بحر الحب،

مثل أميرة في ليلة شتوية،

عرش الأميرة موجة حول البنفسج،

شكلها شكل الحقيقة،

تاجها القمران،

ليس لها حدود في الزمان ولا المكان،

وليس يشبهها سواها

...

يا آخر الآتين من هذا المحيط

يا نهر أحلام وسفراً من ضياءْ

يا قامتي الأولى وميقاتاً تدثر بالمساء

إن كنت تاركنا فلا تنسَ الشتاءَ وتنسَ حبكْ

لا تنسَ سُور الرملَ والأحلامَ،

لا تنسَ التي جلست لتفترش الحنين وتفرش القمرين قربكْ

لا تنسَ صورتنا ... وأين تكون؟ أين؟

هناك خلف البحر حيث تركت قلبكْ

ليل ترقرق في الشمال فهل عرفت الآن دربكْ

...

وجهان للسفر الأخير إلى المساء أنا وأنتِ ...

فكيف ينسـى أولُ القمر استدارة قرصه في آخر المستقبل

المهجور ...

لم نحلمْ ـ وكان الحلم أضيقَ من شوارعنا ـ

وكان الحب صورتنا الوحيدة ...

هل نسيتِ البحر؟

ما زال النهار يطل من خلف الشراع،

ضحيتانِ أنا وأنتِ ...

فهل يكون الحب صورتنا الأخيرة ...

هل تخاف من الشتاء؟

أجبت: تعجبني السكينة، لا أخاف من البحار،

وهل عرفت الحب؟

قلت: خلقت أعشق فجأة ...

كنا نشيد الورد، لكني خشيت من الحراسة،

يسهر القمران من حولي،

أطل على الرياض ولا رياض بها،

استرحت إلى المحيط كأنني هو، شكله المهجور، يأتينا

غداً ...

هو آخر الموت المخيف وأغرب الموتى ...

ولم أنسَ الشتاء ...

أحب خلف البحر صورتنا وإيقاع المساءْ

خمسون عاماً ما التقينا ...

هل يعد لنا الخريف الآن أجنحة ...

مفاجَأة تأثثنا وتكتنف المهاجر باللقاءْ

خمسون عاماً ما افترقنا ...

هل ستكسرنا العواطف مرة أخرى ويجرحنا الصفاءْ

سنلتقي قبل الوداع بخمس عشرة دقيقة

تكفي لأهمس يا امرأةْ

هي أروع الأسرار والأقدار

أعشق جرحنا المحفور فينا يا امرأةْ

هي أول الآتي وآخره

وشكلُ الحلم

يا مطراً سيرجمنا ويورق في منافينا

نحبك مثلما (مرض ورثناه) ونهديه لآتينا

ونقرؤه جراحاً: أنت حاضرنا وماضينا

وأروع ما سنكتب من قوافينا ...

نحبك يا امرأة

هي آخر الآتي وأوله

وشكل الحلم

نعشقُ وردك المكسور في ليل الشتاء

وأنتِ أنتِ،

أراكِ من خلف البحار

وأنتِ أنتِ،

أحب صورتنا الأخيرة

هل سيعرفك النهار؟

يا أول الآتي وآخره وشكلَ الحلم ...

يا إيقاع غربتنا الأخيرة

هل سيعرفك النهار؟

الفهرس